LIGHT & SOUND creativ

Der geniale Winter-Spaß

Das Weihnachtsfest steht vor der Tür und alles soll noch festlich geschmückt werden. In diesem Buch finden Sie stimmungsvolle Dekorationen für die Weihnachtszeit, die wunderschön beleuchtet und mit Soundmodulen ausgestattet, in Eingangsbereichen, Wohnräumen, und Kinderzimmern effektvolle Akzente setzen. Witzige Motive, die auch ohne elektronische Vorkenntnisse einfach nachzuarbeiten sind.

Lassen Sie sich inspirieren und gestalten Sie Ihr Heim für die Weihnachtszeit einmal völlig anders.

Viel Spaß wünscht Ihnen

Die Motive lassen sich in folgende Schwierigkeitsgrade unterteilen:

● ○ ○ einfach ● ● ○ etwas schwieriger ● ● ● anspruchsvoll

MATERIALIEN UND HILFSMITTEL

Folgende Materialien und Hilfsmittel werden für die meisten der gezeigten Motive benötigt. Sie werden in den einzelnen Materiallisten nicht nochmals aufgeführt.

- Bleistift
- Transparent- oder Butterbrotpapier
- dünner Karton
- Moosgummi oder Baumwolltuch
- Kohlepapier
- Schleifpapier (120er Körnung) oder Schleifschwamm
- Rundfeile
- Metallfeile
- Pinsel (verschiedene Stärken)
- wasserfester Filzstift in Schwarz und Weiß
- Buntstift in Rot
- Kugelschreiber
- Metallhaftgrund in Weiß
- Cutter mit Schneideunterlage
- altes Messer oder Schaber für Glasflächen
- Schere
- Spitzer
- Holzleim
- Alleskleber
- Klebepads
- Klebeband
- Klarlack
- Wattestäbchen
- Safety-Dosenöffner
- Spülmittel
- Verdünner
- Laub- oder Dekupiersäge mit verschiedenen Sägeblättern
- Bohrmaschine mit verschiedenen Bohrern

So wird's gemacht

Holzmotive

1 Die Motivteile von der Vorlage ohne Überschneidungen mit einem Bleistift auf Transparentpapier übertragen. Das Transparentpapier umdrehen, auf das Sperrholz legen und die Linien mit einem harten Bleistift nachziehen. Die Linien sind auf dem Sperrholz nun sichtbar.

2 Anschließend die Teile mit der Laub- oder Dekupiersäge aussägen. Zum Aussägen am besten feine Sägeblätter benutzen, damit das Holz wenig splittert. Beim Sägen das Motiv langsam drehen. Die Löcher mit dem entsprechenden Durchmesser in das Holz bohren. Kanten mit Schleifpapier oder einem Schleifschwamm glätten. Die Bohrungen können mit einer kleinen Rundfeile bearbeitet werden.

3 Das Motiv mit Acrylfarbe gemäß Vorlage und Abbildung bemalen. Zuerst die großen Flächen bemalen. Zum Schattieren die Farben verdünnt und nass ineinander malen. Es gibt auch die Möglichkeit das Holz zunächst anzufeuchten und die Farben anschließend ineinander zu ziehen.

4 Nach dem Trocknen mit einem dünnen Pinsel die Konturen auftragen. Feine Linien und Gesichter mit wasserfesten, schwarzen oder weißen Stiften aufmalen. Für die Wangen mit einem Cutter Späne von einem roten Buntstift abschaben, diese mit dem Finger aufnehmen und auf die Wangen reiben. Bei kleinen Motiven die Späne mit einem Wattestäbchen auftragen.

5 Zum Schutz das Motiv mit Klarlack lackieren. Auf die Wangen den Klarlack nur tupfen, damit sie nicht verwischen. Die Motive gemäß der Vorlage und Abbildung zusammenleimen.

Dosenfiguren

1 Dosen mit einem Safety-Dosenöffner öffnen. So werden scharfe Kanten an den Dosen und Deckeln vermieden. Dosen leeren und mit Spülmittel reinigen. Die Banderole abreißen, Klebereste mit Wasser oder Verdünner entfernen. Klebstoffreste können auch mit einem Schaber für Glasflächen oder mit einem alten Messer entfernt werden.

2 Alle Löcher gemäß der Anleitung bohren. Scharfe Kanten mit Schmirgelpapier oder mit einer Metallfeile glätten. Dose mit Schmirgelpapier anschleifen und den Schleifstaub mit einem Baumwolltuch entfernen oder mit weißem Metallhaftgrund grundieren und diesen gut trocknen lassen.

3 Dose in der gewünschten Farbe grundieren, dabei mit dem Pinsel zügig und in einer Richtung arbeiten. Helle Farben mehrmals auftragen, damit sie gut decken. Trocknen lassen. Die Vorlage mit Bleistift auf Transparentpapier abpausen. Kohlepapier auf die Dose legen, Vorlage darauf legen und die Linien mit Bleistift übertragen.

4 Gesichter mit wasserfesten Stiften aufmalen. Wangen wie links beschrieben röten, Lichtpunkte in den Augen mit weißem, wasserfestem Stift malen. Nach dem Trocknen mit Klarlack lackieren. Bei geröteten Wangen den Lack nur auftupfen, da die Farbe sonst verwischt. Achtung: Nicht jeder Lack eignet sich für Styropor. Am besten an unauffälliger Stelle ausprobieren.

5 Dosen mit Schrauben oder Aludraht gemäß der jeweiligen Anleitung zusammenfügen. Dafür die vorgebohrte Dose an die zu befestigende zweite Dose halten und die Bohrungen mit einem Stift übertragen. An dieser Stelle die zweite Dose bohren. Schrauben durch die Bohrungen stecken und festschrauben.

6 Bei manchen Dosen wird zum besseren Halt des Kopfes eine Scheibe aus Sperrholz unter den Dosenboden geklebt. Hierzu eine Sperrholzscheibe von beliebiger Stärke (max. 1,2 cm) in der angegebenen Größe aussägen. Für die Anbringung eines Rundholzstabes die Scheibe mittig mit dem Durchmesser des Rundholzstabes durchbohren. Anschließend diesen bündig in die Bohrung der Scheibe leimen. Die Sperrholzscheibe unter den Dosenboden leimen und den Rundholzstab

Hinweis: Sollen Motive auf Metallprägefolie übertragen werden, diese auf einen weichen Untergrund, z.B. Moosgummi oder ein Baumwolltuch legen. Die Vorlage auf die Metallprägefolie legen und die Konturen mit einem Bleistift nachziehen. So wird das Motiv auf die Metallprägefolie übertragen. Dann entlang der Konturen ausschneiden und bemalen. Zum besseren Halt der Farbe zuvor mit Schmirgelpapier anschleifen oder mit Metallhaftgrund grundieren.

Hinweis: Für Motive aus Filz die Vorlage auf Transparentpapier abpausen, auf dünnen Karton kleben und dann ausschneiden. Auf den Filz legen, die Konturen mit Kugelschreiber nachziehen, dann ausschneiden.

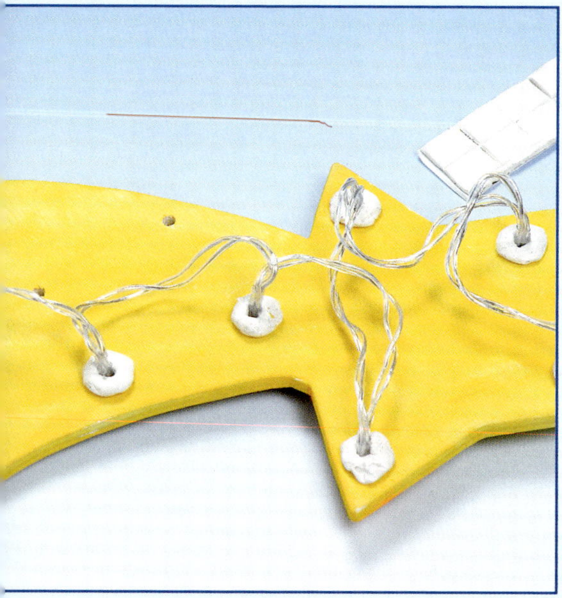

durch die Bohrung in der Dose nach außen führen.

Anbringen von Lichterketten

1 Die Löcher für die Birnchen an den auf den Vorlagen markierten Stellen bohren. Für die im Buch gezeigten Modelle wurden Birnchen mit einem ø von 4 cm verwendet. Soll eine andere Größe verwendet werden, den Durchmesser der Bohrungen bitte abbändern.

2 Klebepads mittig mit einem Cutter durchstechen, die Birnchen durch die Öffnung schieben.

3 Die Birnchen von der Rückseite bzw. Innenseite durch die Bohrungen stecken und die Klebepads andrücken.

4 Den Batteriekasten in der Dose bzw. auf der Rückseite des Holzmotivs mit Klebeband anbringen.

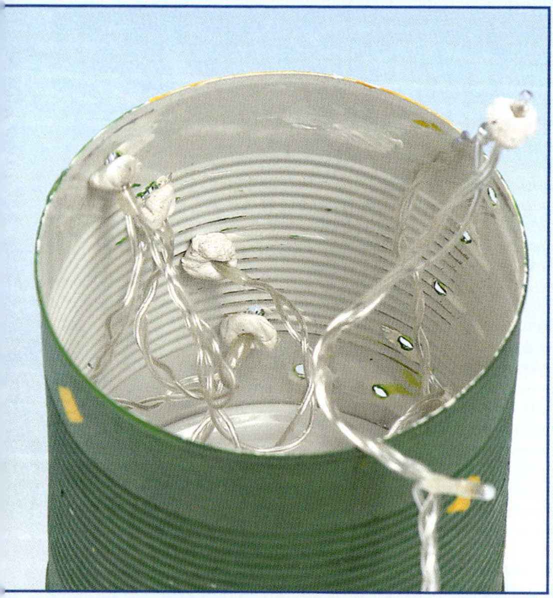

Hinweis: Lichterketten mit zehn oder mehr Birnchen erhalten Sie in verschiedenen Farben, mit und ohne Schalter im Handel. Alle gezeigten Modelle wurden mit Lichterketten mit zehn oder zwanzig Birnchen und mit Batterien ausgearbeitet. Sollten Sie keine farbige Lichterkette bekommen, können Sie auch eine klare Kette verwenden und die Birnchen mit Glasmalfarbe anmalen.

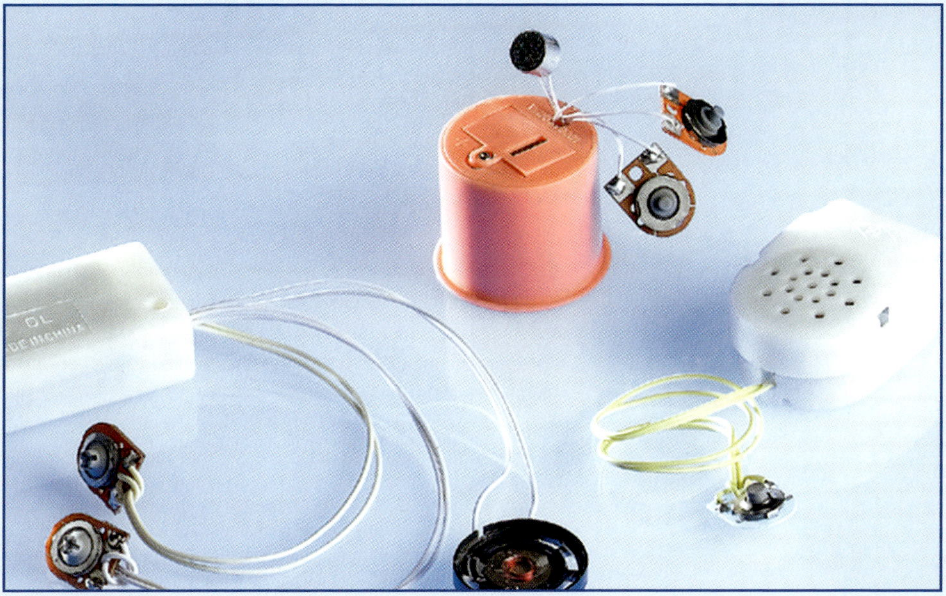

Anbringen von Soundmodulen

Im Handel sind zahlreiche verschiedene Soundmodule mit unterschiedlichen Gehäusen erhältlich. Es ist wichtig, dass Auslöseknöpfe und Bewegungsmelder an einem ausreichend langen Kabel (ca. 29 cm) befestigt sind. So können sie gut an der gewünschten Stelle am Motiv platziert werden. Das Soundmodul wird mit Klebeband hinten am Motiv oder in einer Dose befestigt und der Schalter bzw. Bewegungsmelder gemäß der jeweiligen Anleitung am Motiv angebracht. Löcher für Auslöseknöpfe und Bewegungsmelder sollten Sie dem von Ihnen verwendeten Modul anpassen. Besonders witzig sind Soundmodule mit Bewegungsmelder. Bei diesen wird der Ton durch Bewegung ausgelöst.

Hinweis: Sie erhalten im Handel verschiedene Soundmodule. Module zum selbst Besprechen sind besonders vielseitig. Es macht außerdem auch Spaß, passende Geräusche selbst aufzunehmen.

Hinweis: Die Texte in den Sprechblasen der Modelle sind als Vorschläge gedacht, die Sie natürlich abwandeln können. Orientieren Sie sich zum Besprechen der Module bitte an den Herstellerhinweisen.

Hinweis: Damit die Motive aus Holz plan an Wänden anliegen, können Sie als Abstandshalter hinten am Motiv an geeigneter Stelle Holzklötzchen (ca. 2 mm stark) anleimen.

MOTIVHÖHE
43 cm

MATERIAL
- geriffelte Dose, ø 16 cm, 15,5 cm hoch
- geriffelte Dose, ø 10 cm, 12 cm hoch
- Sperrholz, 12 mm stark, 40 cm x 50 cm
- 3 Rohholzhalbkugeln, ø 3 cm
- 2 gebohrte Rohholzkugeln, ø 2,5 cm
- 1 ungebohrte Rohholzkugel, ø 1,5 cm
- Rundholzstab, ø 2 mm, 2 cm lang
- Rundholzstab, ø 8 mm, 40 cm lang
- Füllwatte
- Filzrest in Rot
- Acrylfarbe in Grau, Hellbraun, Rot, Hellblau, Weiß, Schwarz und Hautfarbe
- Baumwollkordel in Schwarz, ø 2 mm, 24 cm lang
- Tannengirlande, 23 cm lang
- Jutesäckchen in Natur, 9 cm x 12 cm
- Bohrer, ø 2 mm, 4 mm und 8 mm
- 10er Lichterkette in Blau, ø 4 mm
- Soundmodul zum Besprechen

VORLAGENBOGEN 1A

Nikolaus und Elch

→ aus der Dose

1 Die Teile aus Sperrholz aussägen. In die Köpfe von Nikolaus und Elch je eine Bohrung für den Hals (ø 8 mm, 1 cm tief) anbringen. In den Bart des Nikolauses gemäß Vorlage eine Bohrung (ø 2 mm, 1 cm tief) zum Anbringen der Nase bohren. Die gleiche Bohrung in der Rohholzkugel (ø 1,5 cm) anbringen. Zwei Rohholzhalbkugeln (ø 3 cm) auf der gewölbten Seite mittig bohren (ø 8 mm, 1 cm tief).

2 Die Dosen öffnen, die Deckel werden nicht weiterverwendet. Anschließend grundieren. In die Elchdose in der oberen Hälfte verteilt zehn Löcher (ø 4 mm) bohren. In die kleinere Dose an zwei gegenüberliegenden Seiten, 2 cm vom Dosenboden entfernt je eine Bohrung (ø 2 mm) für die Arme anbringen. Senkrecht darunter ca. 1 cm vom offenen Rand der Dose entfernt zwei Bohrungen (ø 8 mm) für die Beine anbringen.

3 Für beide Dosen eine Scheibe aus Sperrholz entsprechend dem Innendurchmesser der Dosen sägen und unter die Dosenböden kleben. Anschließend im Dosenboden der größeren Dose eine durchgehende Bohrung (ø 8 mm) ca. 2 cm vom Dosenrand entfernt für den Hals des Elches bohren. Unterhalb der Bohrung für den Hals 2 cm vom Dosenrand entfernt eine Bohrung (ø 8 mm) für das Kabel des Auslöseknopfes anbringen. Die kleinere Dose von der Bodenseite (ø 8 mm) mittig durchbohren.

4 Dosen, Sperrholzteile, Rundholzstäbe und Rohholzkugeln gemäß Vorlage und Abbildung bemalen. Von dem 8 mm Rundholzstab 4 cm für den Hals des Elches und 3,5 cm für den Hals des Nikolauses absägen und in die Bohrungen leimen. Den Rest des Stabes als Beine des Nikolauses mittig durch die Dose schieben. Die bemalten Füße an die Enden leimen.

5 Die Nase mit dem 2 mm Rundholzstab auf den Bart leimen und beides auf das Gesicht des Nikolauses kleben.

„We WISH you a merry CHristmas"

WEITERFÜHRUNG

Nikolaus und Elch

Die Rohholzhalbkugel als Nase auf dem Elchgesicht befestigen. Anschließend beide Köpfe auf die Hälse leimen. Die Füße des Elches auf die Dose leimen. Die Baumwollkordel in zwei gleiche Teile von je 12 cm teilen, durch die Bohrungen für die Arme ziehen und die Enden auf der Innenseite der Dose verknoten. Am anderen Ende die Hände aufziehen und verknoten.

6 Die Lichterkette von der Innenseite der Elchdose mit Klebepads einsetzen. Die Tannengirlande zweimal um den Hals des Elches wickeln und die Enden verdrehen. Das Herz gemäß Vorlage zweimal aus Filz zuschneiden. Das Soundmodul besprechen bzw. eine eigene Melodie aufnehmen, auf der Innenseite der Dose mit Klebeband befestigen. Das Kabel mit dem Auslöser durch die Bohrung nach außen ziehen. Das Herz bis auf eine Seite an den Rändern zusammenkleben und mit etwas Füllwatte ausstopfen. Den Auslöseknopf einsetzen. Nun den restlichen Rand zusammenkleben. Den Nikolaus mittig auf die Elchdose kleben und den Jutesack neben die Nikolausdose kleben.

„Frohes Fest"

→ wünschen Nikolaus und Schneemann

MOTIVHÖHE
48 cm

MATERIAL
- Sperrholz, 8 mm stark, 50 cm x 35 cm
- Acrylfarbe in Rot, Weiß, Hautfarbe, Orange, Grün, Blau, Beige, Grau, Lila und Gelb
- Basteldraht, ø 0,5 mm, 1 m lang
- Bohrer, ø 1,5 mm und 4 mm
- 10er Lichterkette in Klar, ø 4 mm

VORLAGENBOGEN 1B

1 Die Teile aus Sperrholz aussägen. In die Glühbirnen gemäß Vorlage Bohrungen (ø 4 mm) für die Birnchen und zur Befestigung des Drahtes (ø 1,5 mm) anbringen. Den Schal des Schneemannes und die Hand des Nikolauses durchbohren (ø 1,5 mm). Alle Kanten schleifen, anschließend die Teile gemäß der Vorlage und Abbildung bemalen, beschriften und lackieren.

2 Die Lichterkette von der Rückseite in die ausgesägten Glühbirnen stecken und mit Klebepads befestigen.

3 Den Anfang des Drahtes durch die Hand ziehen und das Ende verdrehen. Nun den Draht durch die Bohrung der Glühbirnen ziehen, verdrehen und um das Kabel der Lichterkette bis zur nächsten Birne wickeln. Hier wiederum durch die Bohrung ziehen. So fortfahren, bis alle Birnen aufgezogen sind. Das Ende des Drahtes durch den Schneemannschal ziehen und verdrehen.

LIGHT & SOUND creativ
FROHES FEST

MOTIVHÖHE
1,36 m

MATERIAL
- Strohbesen, 35 cm breit, 50 cm hoch, Gesamtlänge mit Stiel 1,36 m
- Sperrholz, 8 mm stark, 70 cm x 55 cm
- 2 gebohrte Rohholzkugeln, ø 4,5 cm
- Filz in Blau, 92 cm x 42 cm
- Filz in Gelb, 42 cm x 37 cm
- Figurendraht in Natur, ø 8 mm, 75 cm lang
- Glocke in Gold mit Bändchen, ø 3,7 cm, 3,7 cm hoch
- Feenhaar in Weiß
- Papierdraht in Natur, ø 2 mm, 1,10 m lang
- 2 Schrauben, 2,5 mm x 30 mm
- 4 Schrauben, 2,5 mm x 40 mm
- Acrylfarbe in Blau, Gelb und Hautfarbe
- Bohrer, ø 4 mm
- Zackenschere
- 2 10er Lichterketten in Blau, ø 4 mm
- Soundmodul zum Besprechen mit Bewegungsmelder

VORLAGEN-BOGEN 1B

Besenengel

→ leuchtet einladend an der Türe

1 Den Besenstiel in Blau bemalen. Die gelbe Farbe gemäß Abbildung mit einem Schwamm auftupfen. Den blauen Filz für das Kleid zur Hälfte falten und an der Falzkante mittig ein Loch im Durchmesser des Besenstiels (hier ø 2,5 cm) einschneiden. Den Kragen (25 cm x 25 cm) aus gelbem Filz mit der Zackenschere zuschneiden und ebenfalls mittig ein Loch (ø 2,5 cm) einschneiden. Aus gelbem Filz 2 Streifen von je 2 cm x 42 cm und einen von 4 cm x 42 cm schneiden, die schmalen einseitig mit der Zackenschere. Die gezackten Streifen unten auf die Vorder- und Rückseite des Kleides, den glatten Streifen auf die Vorderseite gemäß Abbildung aufkleben.

2 Die Teile aus Sperrholz sägen und die Flügel für die Lichterkette durchbohren (ø 4 mm). Die Kanten schleifen, anschließend alles bemalen und lackieren. Die Feenhaare und den Stern mit Holzleim auf das Gesicht kleben. An die Enden des Figurendrahtes die bemalten Hände (an einer Hand zusammen mit der Glocke) leimen. Den Figurendraht als Arme um den Besenstiel verknoten. Das Kleid und den Kragen über den Stiel ziehen und in der Mitte mit dem Papierdraht festbinden. Die Enden des Drahtes zum Formen der Spiralen um einen Stift wickeln.

3 Zwei Schrauben (2,5 mm x 30 mm) von der Rückseite durch den Besenstiel drehen und den Kopf festschrauben. Die Lichterkette in den Flügeln mit Klebepads befestigen und die Flügel von der Rückseite an vier Stellen in den Besen schrauben. Hierbei wird auch das Kleid durchbohrt. Das Soundmodul im Beseninneren mit Klebeband fixieren, den Bewegungsmelder an einer unauffälligen Stelle am Besen anbringen.

„Kling
Glöckchen,
klingelingeling"

Schaukelrentier

→ lustiger Geselle

MOTIVHÖHE
95 cm

MATERIAL
- Sperrholz, 1,5 cm stark, 1,30 m x 70 cm
- Sperrholz, 6 mm stark, 18 cm x 18 cm
- Rundholzstab, ø 12 mm, 64,5 cm lang
- 8 Astscheiben, ø 5 cm
- Ast, ø 1 cm, 40 cm lang
- Acrylfarbe in Rot, Weiß und Schwarz
- Beize in Eiche hell
- Filzrest in Rot
- Füllwatte
- Bohrer, ø 4 mm, 1 cm und 1,2 cm
- 10er Lichterkette in Rot, ø 4 mm
- Soundmodul zum Besprechen

VORLAGENBOGEN
2 A + 2 B

1 Die Teile aus Sperrholz aussägen, das Herz aus dem 6 mm starken Sperrholz. Für den Kasten zwei Seitenteile (17 cm x 17 cm) und ein Bodenteil (29,5 cm x 17 cm) zusägen. In den Kopf des Elches zwei Bohrungen für das Geweih (ø 1 cm) und eine Bohrung für den Hals (ø 1,2 cm) gemäß Vorlage anbringen. Zusätzlich hinter der Nase eine Bohrung (ø 1 cm) zum Durchführen des Auslöseknopfes des Soundmoduls bohren. In einem Seitenteil des Kastens 5 cm vom oberen Rand entfernt mittig eine Bohrung (ø 1,2 cm) im Winkel von ca. 60 ° schräg nach unten anbringen. In den Beinen und Kufen durchgehende Bohrungen (ø 1,2 cm) gemäß Vorlage bohren.

2 Alle Kanten schleifen. Anschließend die Teile in Eiche beizen. Die Kufen in Schwarz bemalen. Nachdem alles getrocknet ist, Ohr und Schwanz bemalen und das Gesicht aufmalen.

3 Den Rundholzstab in 2 x 26 cm für die Befestigung zwischen den Kufen und 12,5 cm für den Hals teilen. Gemäß Abbildung bemalen. Das Herz auf den Körper leimen und die Bohrungen (ø 4 mm) für die Birnchen von der Außenseite durchgehend anbringen. Kasten und Körper zusammenleimen. Die Beine aufkleben. Die Rundholzstäbe durch die Kufen und Beine stecken und festleimen. Die Astscheiben als Verzierung anbringen. Den Hals in die Bohrung des Kastens leimen und den Kopf auf der anderen Seite aufkleben. Den Ast in zwei 20 cm lange Teile sägen und das Geweih in die Bohrungen kleben. Alle Teile lackieren.

4 Die Filznase doppelt zuschneiden und bis auf eine Seite zusammenkleben. Die Melodie aufnehmen und das Modul an der Rückseite des Elchkopfes mit Klebeband befestigen. Das Kabel durch die Bohrung ziehen und das Modul in die Filznase setzen. Mit etwas Füllwatte ausstopfen. Nun das offene Ende der Nase zukleben und die Nase auf dem Gesicht befestigen. Die Lichterkette von der Kasteninnenseite einsetzen und mit Klebepads befestigen.

„Fröhliche
Weihnacht"

Krippenszene

→ aus Löffeln

MOTIVHÖHE
44 cm

MATERIAL
- runder Kochlöffel, Kellendurchmesser 5 cm, 20 cm hoch
- runder Kochlöffel, Kellendurchmesser 4,5 cm, 28,5 cm hoch, runder Kochlöffel, Kellendurchmesser 5,5 cm, 39,5 cm hoch
- ovaler Kochlöffel, Kellendurchmesser 4,5 cm x 6 cm, 32 cm hoch
- Sperrholz, 6 mm stark, 20 cm x 20 cm
- 4 gebohrte Rohholzkugeln, ø 1,5 cm
- Rohholzhalbkugel, ø 3 cm
- 2 ungebohrte Rohholzkugeln, ø 4 cm
- 2 ungebohrte Rohholzkugeln, ø 1 cm
- Astscheibe, ø 20 cm, 2 cm stark
- Acrylfarbe in Gelb, Orange, Hautfarbe, Weiß, Ocker, Braun, Weinrot, Olivgrün und Blau
- Baumwollkordel in Schwarz, ø 2 mm, 25 cm lang
- Filzreste in Braun, Orange, Gelb und Weiß
- Papierdraht in Natur, ø 2 mm, 6 cm lang
- Aludraht in Silber, ø 2 mm, 12,5 cm lang
- Weidenzweige in Natur
- Bohrer, ø 2 mm, 4 mm, 1 cm, 1,1 cm, 1,2 cm
- 10er Lichterkette in Klar, ø 4 mm

VORLAGENBOGEN 4B

1 Den 20 cm langen Kochlöffel auf 12 cm, den 28,5 cm langen auf 18 cm, den 32 cm langen auf 21 cm und den 39,5 cm langen Kochlöffel auf 35 cm kürzen.

2 Die Teile aus Sperrholz sägen. In den Stern die Bohrungen für die Birnchen (ø 4 mm) anbringen. Oben in der Mitte der Kochlöffel und mittig in der Rohholzhalbkugel und in den beiden Rohholzkugeln (ø 4 cm) Bohrungen (ø 2 mm, 1 cm tief) für den Hals anbringen.

3 An den Körpern ca. 2 cm vom oberen Rand entfernt und im Abstand von 2 cm zueinander durchgehende Bohrungen (ø 2 mm) für die Arme anbringen. Die Rohholzkugeln (ø 1 cm), die die Nasen bilden, ebenfalls anbohren (ø 2 mm, 0,5 mm tief). In den Kopf von Josef oben drei Bohrungen (ø 2 mm) für die Haare anbringen. In die Astscheibe in quadratischer Anordnung 7 cm voneinander enfernt vier Löcher viermal entsprechend dem Durchmesser der Kochlöffelstiele (hier 1 cm, 1,1 cm und 1,2 cm) bohren.

4 Alle Teile bemalen und lackieren. Den Aludraht in 3 x 3,5 cm für den Hals und 2 x 1 cm zur Befestigung der Nasen teilen. Dann den Aludraht in die Holzkugeln leimen und in den Bohrungen der Gesichter befestigen. Für den Hals die Drähte anmalen, in die Bohrungen der Körper leimen und die Köpfe aufsetzen. Den Papierdraht für die Haare in drei gleich lange Stücke schneiden und in die Bohrungen am Kopf einkleben. Die Baumwollkordel in fünf Teile von je 5 cm teilen, vier davon an einem Ende verknoten und durch den Körper ziehen. Am anderen Ende die Hände anknoten.

5 Aus gelbem Filz zwei Streifen von je 1,2 cm x 7 cm schneiden und gemäß der Abbildung um das Kind kleben. Die Krippe

LIGHT & SOUND
creativ

WEITERFÜHRUNG

Löffelkrippe

dahinter befestigen. Schleier, Mantel und Bart aus Filz schneiden, die Kapuze des Mantels zusammenkleben und die Teile gemäß Abbildung anbringen. Den Mantel mit dem restlichen Baumwollband um den Hals knoten.

6 Den Stern zusammenkleben, die Lichterkette von der Rückseite einsetzen und mit Klebepads befestigen. Die Figuren in die Bohrungen der Astscheibe leimen. Den Weidenkranz um die Motive legen.

Tannenbaum

→ stimmungsvoller Waldbote

MOTIVHÖHE
63 cm

MATERIAL

- Sperrholz, 1,5 cm stark, 35 cm x 55 cm
- kleiner Baumstamm, ø 4 cm, 15 cm lang
- Astscheibe, ø 18 cm, 2 cm stark
- Acrylfarbe in Gelb, Orange und Dunkelgrün
- 4 Schrauben, 3 mm x 50 mm
- Bohrer, ø 1 cm
- 10er Lichterkette in Klar, ø 1 cm

VORLAGEN-BOGEN 1A

1 Den Baum und die Sterne aus Sperrholz aussägen. Die Kanten schleifen und alles anschließend bemalen. Die Sterne auf die Vorderseite des Baumes kleben. Nun die Bohrungen von der Vorderseite durchgehend (ø 1 cm) bohren. Anschließend den Baum lackieren.

2 Den Stamm mit zwei Schrauben von der Unterseite mittig auf die Astscheibe schrauben. Dann den Baumstamm von der Rückseite so an den Baum schrauben, dass der Stamm ca. 10 cm lang ist. Die Lichterkette von der Rückseite einsetzen.

TOPP

Die NEUEN zum Fest

Weihnachts-
Neuerscheinungen
2005

ISBN 3-7724-3415-0
TOPP 3415 / € (D) 8,90

ISBN 3-7724-3416-9
TOPP 3416 / € (D) 7,50

ISBN 3-7724-3417-7
TOPP 3417 / € (D) 7,50

ISBN 3-7724-3418-5
TOPP 3418 / € (D) 9,90

ISBN 3-7724-3419-3
TOPP 3419 / € (D) 7,50

ISBN 3-7724-3420-7
TOPP 3420 / € (D) 7,50

ISBN 3-7724-3421-5
TOPP 3421 / € (D) 7,50

ISBN 3-7724-3422-3
TOPP 3422 / € (D) 7,50

ISBN 3-7724-3423-1
TOPP 3423 / € (D) 7,50

ISBN 3-7724-3424-X
TOPP 3424 / € (D) 7,50

ISBN 3-7724-3425-8
TOPP 3425 / € (D) 7,50

ISBN 3-7724-3426-6
TOPP 3426 / € (D) 7,50

Frohe Weihnachten

Dieser Stickerbogen ist eine Sonderedition im Jubiläumsjahr für Ihre Weihnachtspost mit Motiven aus den TOPP-Weihnachts-neuerscheinungen.

aus TOPP 3412

aus TOPP 3420

aus TOPP 3409

aus TOPP 3409

aus TOPP 3410

aus TOPP 3421

aus TOPP 3410

aus TOPP 3421

aus TOPP 5235

aus TOPP 3425

aus TOPP 3422

TOPP

Frohe Weihnachten

Dieser Stickerbogen ist eine Sonderedition im Jubiläumsjahr für Ihre Weihnachtspost mit Motiven aus den TOPP-Weihnachts-neuerscheinungen.

aus TOPP 3416

aus TOPP 3414

aus TOPP 3424

aus TOPP 3410

aus TOPP 5235

aus TOPP 3420

aus TOPP 3431

aus TOPP 5234

aus TOPP 5231

aus TOPP 5232

aus TOPP 3423

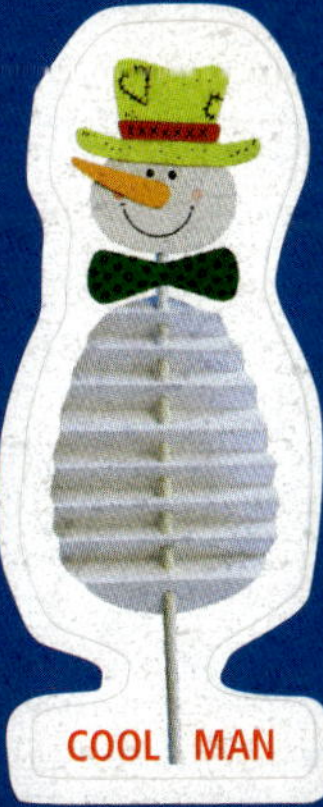

aus TOPP 3414

TOPP

Die NEUEN zum Fest

Weihnachts-Neuerscheinungen 2005

ISBN 3-7724-5234-5
TOPP 5234 / € (D) 12,90

ISBN 3-7724-5235-3
TOPP 5235 / € (D) 12,90

ISBN 3-7724-5236-3
TOPP 5236 / € (D) 12,90

ISBN 3-7724-5231-0
TOPP 5231 / € (D) 12,90

ISBN 3-7724-5232-9
TOPP 5232 / € (D) 9,90

ISBN 3-7724-5233-7
TOPP 5233 / € (D) 12,90

ISBN 3-7724-3409-6
TOPP 3409 / € (D) 7,50

ISBN 3-7724-3410-X
TOPP 3410 / € (D) 6,90

ISBN 3-7724-3411-8
TOPP 3411 / € (D) 6,90

ISBN 3-7724-3412-6
TOPP 3412 / € (D) 7,50

ISBN 3-7724-3413-4
TOPP 3413 / € (D) 7,50

ISBN 3-7724-3414-2
TOPP 3414 / € (D) 7,50

Lichterbogen mit Engel

→ **festlich beleuchtet**

MOTIVHÖHE
33 cm

MATERIAL
- Sperrholz, 1,5 cm stark, 36 cm x 25 cm
- Sperrholz, 8 mm stark, 30 cm x 50 cm
- 2 Rohholzhalbkugeln, ø 4 cm
- Acrylfarbe in Gelb, Hautfarbe, Weiß, Silber, Schwarz, Dunkelblau und Grün
- Aludraht in Silber, ø 2 mm, 14 cm lang
- Ast ø 1 cm, 8 cm lang
- Metallfolienrest in Silber
- Bohrer, ø 2 mm und 4 mm
- 10er Lichterkette in Blau, ø 4 mm

VORLAGEN-BOGEN 4B

1 Den Lichterbogen, die Standflächen und die Bäume aus dem 1,5 cm starken Sperrholz, den Engel aus dem 8 mm starken Holz aussägen. Die Bohrungen mittig in dem Stern (ø 2 mm, 5 mm tief) und in dem Kopf des Engels (ø 2 mm, 5 mm tief) anbringen. Für den Hals zwei Bohrungen in den Kopf und Körper (ø 2 mm, 1 cm tief) bohren. Für die Beine im Körper und mittig auf der gewölbten Seite der beiden Rohholzhalbkugeln zwei Bohrungen (ø 2 mm, je 1 cm tief) bohren.

2 Alle Kanten schleifen. Anschließend die Teile gemäß Vorlage und Abbildung bemalen. Das Gesicht aufmalen, die Wangen röten. Nun die Teile lackieren.

3 Von dem Aludraht 2 x 4 cm für die Beine und je 3 cm für den Hals und zur Befestigung des Sterns abschneiden. In die entsprechenden Bohrungen leimen. Den Kopf, den Stern und die Füße am anderen Ende der Drähte befestigen. Nun den Engel zusammenfügen und mit Holzleim hinter dem Lichterbogen platzieren. Die Bohrungen für die Lichterkette in dem Bogen von der Vorderseite durchgehend (teilweise auch durch den Engel) (ø 4 mm) anbringen. Die Hände des Engels festkleben. Die Lichterkette von der Rückseite des Motivs einsetzen und mit Klebepads befestigen.

4 Die Metallfolie für die Haare des Engels in vier Streifen von je 0,5 cm x 20 cm zuschneiden und in Silber bemalen. Zum Formen der Spiralen um einen Stift wickeln und wieder abziehen. Anschließend an den Kopf gemäß der Abbildung kleben. Die Standflächen der Tannenbäume vorne gegen den Lichterbogen leimen. Den Ast in zwei Teile von je 4 cm sägen und mittig auf die Standfläche leimen. Die Tannenbäume aufkleben.

Tipp: Lassen sich die Lichterketten nur schwer anbringen, weil die Verbindungskabel zwischen den einzelnen Birnchen zu dick sind, vergrößern Sie die Bohrungen auf der Rückseite des Motives etwas.

Weihnachtswichtel

→ drolliger Kantenhocker

MOTIVHÖHE
85 cm

MATERIAL
- Sperrholz, 1,5 cm stark, 75 cm x 60 cm
- geriffelte Dose, ø 10 cm, 12 cm hoch
- ungebohrte Rohholzkugel, ø 3 cm
- Rundholzstab, ø 1 cm, 4 cm lang
- Rundholzstab, ø 6 mm, 6 cm lang
- 2 Astknöpfe, ø 5 cm
- Acrylfarbe in Rot, Weiß, Braun, Hautfarbe, Grün, Grau und Gelb
- Basteldraht in Schwarz, ø 0,5 mm, 20 cm lang
- Schaschlikstab
- 4 Schrauben, 3 mm x 30 mm
- Bohrer, ø 1,5 mm, 4 mm, 6 mm und 10 mm
- 10er Lichterkette in Klar, ø 4 mm

VORLAGENBOGEN
4 A + 3 B

1 Die Teile aus Sperrholz sägen. In dem Stern und in der Mütze eine Bohrung (ø 1,5 mm) gemäß der Vorlage anbringen. In dem Stern für die Dose eine Bohrung (ø 6 mm, 1 cm tief) anbringen. Ebenso die Rohholzkugel durchbohren (ø 6 mm). In Kopf und Körper des Wichtels je eine Bohrung (ø 1 cm, 1 cm tief) anbringen.

2 Alle Kanten schleifen. Anschließend die Teile gemäß Vorlage und Abbildung bemalen und das Gesicht aufmalen. Den Rundholzstab für den Hals in den Körper leimen und den Kopf am anderen Ende anleimen. Für die Anbringung des Sterns an der Mütze den Draht um einen Schaschlikstab drehen und wieder abziehen. Die Enden durch die Bohrungen von Mütze und Stern stecken und den Draht verdrehen. Die Hosenträger auf den Körper leimen und die Holzknöpfe aufkleben.

3 Nun die Sitzfläche im rechten Winkel vor den Körper leimen. Eine Sperrholzscheibe mittig (ø 9 cm), auf die Sitzfläche kleben. Arme und Beine mit je einer Schraube gemäß der Abbildung befestigen. Alle Teile lackieren. Die Dose öffnen, der Deckel wird nicht weiterverwendet. Die andere Scheibe aus Sperrholz (ø 9 cm), unter den Dosenboden kleben und trocknen lassen. Anschließend den Dosenboden mittig (ø 6 mm) durchbohren. In der Dose verteilt zehn Bohrungen (ø 4 mm) für die Lichterkette anbringen. Die Dose bemalen. Den Rundholzstab (ø 6 mm) in Rot bemalen und in die Dose und Sperrholzscheibe kleben. Nun die Holzkugel und den Stern auf den Rundholzstab ziehen und festleimen.

4 Die Lichter von der Innenseite mit Klebepads in der Dose befestigen. Die Dose auf die Sperrholzscheibe auf der Sitzfläche des Wichtels setzen.

Drei Nikoläuse am Zaun

→ fröhliche Weihnachtsboten

MOTIVHÖHE
1,21 m

MATERIAL
- Sperrholz, 1,5 cm stark, 1,21 m x 70 cm
- 3 ungebohrte Rohholzkugeln, ø 3 cm
- Rundholzstab, ø 3 mm, 6 cm lang
- 9 Astscheiben, ø 4,5 cm, je 3 mm stark
- Acrylfarbe in Rot, Weiß und Hautfarbe
- 6 Schrauben, 3 mm x 30 mm
- Filzstift in Schwarz
- Bohrer, ø 3 mm und 4 mm
- 3 20er Lichterketten in Klar, ø 4 mm

VORLAGENBOGEN 3B

1 Die Nikoläuse aus dem Sperrholz aussägen. In den Bärten mittig eine Bohrung (ø 3 mm, 1 cm tief) und an den Körpern verteilt je 20 Bohrungen (ø 4 mm) anbringen. In die Rohholzkugeln je eine Bohrung (ø 3 mm, 1 cm tief) anbringen.

2 Alle Teile bemalen. Die Gesichter aufmalen und die Wangen röten. Anschließend die Bärte aufkleben.

3 Den Rundholzstab (ø 3 mm) in drei Teile von je 2 cm sägen und in die Bohrungen der Nasen leimen, dann die Nasen in die Bärte kleben. Die Astscheiben mit je zwei schwarzen Filzstiftpunkten versehen und aufkleben. Die Nikoläuse lackieren. Nach dem Trocknen die Lichterkette von der Rückseite mit Klebepads einsetzen und mit den Schrauben am Zaun befestigen.

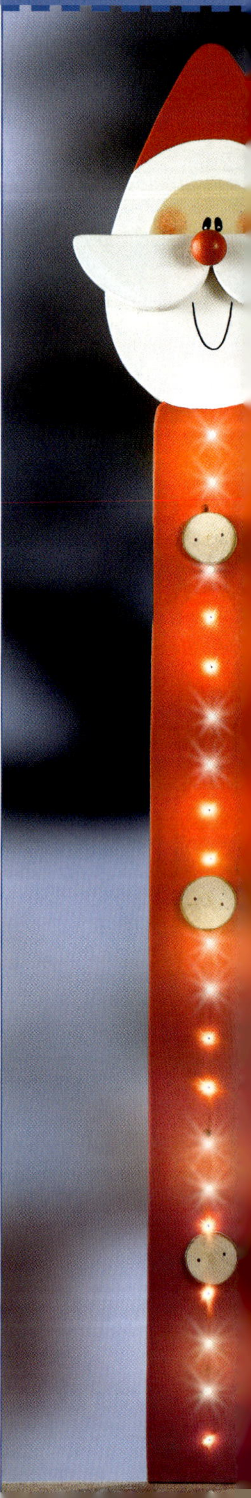

Drei heilige Könige

→ aus dem Morgenland

MOTIVHÖHE
27,5 cm

MATERIAL
ALLE KÖNIGE
- geriffelte Dose, ø 10 cm, 12 cm hoch
- Sperrholzrest, 6 mm stark
- ungebohrte Rohholzkugel, ø 7 cm
- ungebohrte Rohholzkugel, ø 1 cm
- 2 gebohrte Rohholzkugeln, ø 2 cm
- Rundholzstab, ø 8 mm, 3,5 cm lang
- Rundholzstab, ø 2 mm, 1,5 cm lang
- Bohrer ø 2 mm, 4 mm + 8 mm

ZUSÄTZLICH GRÜNER KÖNIG
- glatte Dose, ø 5,3 cm, 7,5 cm hoch
- Acrylfarbe in Grün, Hautfarbe, Gelb und Hellgrün
- Baumwollkordel in Schwarz, ø 2 mm, 22 cm lang
- Filzrest in Gelb
- Papierdraht in Natur, ø 2 mm, 24 cm lang
- wasserfester Silberstift
- 10er Lichterkette in Klar, ø 4 mm

ZUSÄTZLICH ROTER KÖNIG
- Acrylfarbe in Gelb, Hautfarbe, Orange und Rot
- Papierdraht in Natur, ø 2 mm, 12 cm lang
- Filzrest in Orange
- Tonkartonrest in Gelb
- Metallfolie in Silber 20 cm x 6 cm
- 10er Lichterkette in Klar, ø 4 mm

ZUSÄTZLICH BLAUER KÖNIG
- glatte Dose, ø 5 cm, 4 cm hoch
- Acrylfarbe in Hellblau, Türkis, Dunkelblau, Braun
- ungebohrte Rohholzkugel, ø 2 cm
- Papierdraht in Schwarz, ø 2 mm, 6 cm lang
- Filzrest in Türkis
- 10er Lichterkette in Blau, ø 4 mm

VORLAGENBOGEN 2A

1 Die Dosen öffnen, die Deckel werden nicht weiterverwendet. Die geriffelte Dose gemäß Vorlage und Abbildung bohren (ø 4 mm). Eine Scheibe aus Sperrholz (ø 9 cm) sägen und unter den Dosenboden leimen. Nach den Trocknen den Dosenboden und die Sperrholzscheibe mittig durchbohren (ø 8 mm).

2 An zwei gegenüberliegenden Seiten, ca. 2,5 cm vom Boden entfernt je eine Bohrung (ø 2 mm) für die Arme bohren. Für den Hals eine Bohrung (ø 8 mm, 1 cm tief) in der ungebohrten Rohholzkugel (ø 7 cm) anbringen und vorne mittig eine Bohrung (ø 2 mm, 1 cm tief) für die Nase bohren. Ebenso die Holzkugel (ø 1 cm), die die Nase bildet (ø 2 mm, 0,5 cm tief) anbohren.

WEITERFÜHRUNG

Drei heilige Könige

3 Die Dosen, den Kopf, die Hände und den Rundholzstab für den Hals (ø 8 mm) gemäß Vorlage und Abbildung bemalen, Gesicht aufmalen. Die Verzierungen mit wasserfestem Silberstift aufmalen. Alle Teile lackieren.

4 Nach dem Trocknen den Hals in die Bohrung von Dose und Scheibe leimen. Den Kragen aus Filz zuschneiden und über den Hals ziehen. Den Kopf am anderen Ende aufkleben. Für die Haare vier je 6 cm lange Papierdrahtstücke (grüner König) schneiden und unter den Hut kleben. Den Hut mit Holzleim auf dem Kopf befestigen. Eine Holzkugel aufleimen (blauer König). Den 2 mm Rundholzstab in die Bohrung für die Nase leimen und die Holzkugel als Nase aufkleben.

5 Die Baumwollkordel in zwei je 12 cm lange Stücke teilen, durch die entsprechenden Bohrungen ziehen und am anderen Ende die Hände anknoten. Die Lichter von der Innenseite der Dose mit Klebepads einsetzen.

Aus Tausend-undeiner Nacht

→ **Salam alaikum!**

1 Das breitere Bastlerholz in ein 87 cm und ein 35 cm langes Stück sägen. Auf das 87 cm lange Stück 27 cm und 63 cm vom unteren und 3,5 cm vom rechten Rand entfernt die Fenster aufmalen und aussägen. Aus dem schmaleren Bastlerholz 14 cm und 41 cm vom unteren Rand entfernt mittig die Fenster aussägen. Die Dächer aus dem 1,5 cm starken Holz sägen. Die Bohrungen (ø 4 mm) für die Lichterkette in dem größeren Dach gemäß Vorlagenbogen anbringen.

2 Alle Kanten schleifen. Anschließend die Teile gemäß Vorlage und Abbildung bemalen. Das kleine Haus auf der linken Seite auf das größere Haus leimen. Der Überstand beträgt 2,5 cm. Gut trocknen lassen. Nun je zehn Bohrungen um die Fenster verteilt von der Vorderseite (ø 4 mm, durchgehend) anbringen.

3 Die Dächer aufleimen und das Schloss mittig von der Unterseite mit den drei Schrauben auf dem bemalten Fuß befestigen. Das Schloss lackieren. Zum Schluss die Lichterkette von der Rückseite einsetzen und mit Klebepads befestigen.

MOTIVHÖHE
1,05 m

MATERIAL
- Bastlerholz, 2 cm stark, 13,5 cm x 1,22 m
- Bastlerholz, 2 cm stark , 9,5 cmm x 71,5 cm
- Sperrholz, 1,5 cm stark, 35 cm x 23 cm
- Acrylfarbe in Flieder, Hellblau und Dunkelblau
- 3 Schrauben, 2,5 mm x 35 mm
- Bohrer, ø 4 cm
- 4 10er Lichterketten in Blau, ø 4 mm
- 10er Lichterkette in Klar, ø 4 mm

VORLAGEN-BOGEN 1A

Bärige Weihnachtswünsche

→ für die Haustüre

MOTIVHÖHE
60 cm

MATERIAL
- Sperrholz, 8 mm stark, 50 cm x 60 cm
- Acrylfarbe in Blau, Weiß, Schwarz, Rot, Grün und Gelb
- Plusterfarbe in Weiß
- Papierdraht in Natur, ø 2 mm, 10 cm lang
- Nylonfaden
- 2 Schraubhaken 5 mm x 20 mm
- Bohrer, ø 2 mm und 4 mm
- 2 10er Lichterketten in Klar, ø 4 mm

VORLAGENBOGEN 3A

1 Die Teile aus Sperrholz aussägen und das Loch (ø 2 mm) in den Stern bohren. Die Kanten schleifen, anschließend alle Teile bemalen. Den Schriftzug und die Verzierungen auf der Nase mit Plusterpen aufmalen. Nach dem Trocknen einige Teile gemäß Abbildung nochmals schleifen, damit sie einen antiken Charakter erhalten.

2 Das Schild zusammenleimen, der Abstand zwischen den Längsbrettern beträgt ca. 3,5 cm. Dann lackieren. Nachdem alles gut getrocknet ist, die Bohrungen (ø 4 mm) für die Lichterkette von der Vorderseite durchgehend anbringen. Ebenso eine Bohrung (ø 2 mm) zur Anbringung des Sterns bohren.

3 Das Ende des Papierdrahtes durch die Bohrungen von Stern und Brett ziehen und von der Rückseite umknicken. Die Lichterkette von der Rückseite des Schildes anbringen, mit Klebepads befestigen und die Schraubhaken eindrehen. Das Schild mit einem Nylonfaden aufhängen.

LIGHT & SOUND creativ
ROHES FEST

Ski Heil!

Eisige Gesellen auf der Bank

→ hübsch im Eingangsbereich

MOTIVHÖHE
ca. 80 cm

MATERIAL
- 2 geriffelte Dosen, ø 15,5 cm, 15 cm hoch
- 2 glatte Dosen, ø 5 cm, 3,5 cm hoch
- Sperrholz, 8 mm stark, 40 cm x 40 cm
- Bastlerholz, 1,5 cm stark, 13,5 cm x 97 cm
- Holzleiste, 3,5 cm x 1,5 cm x 1,50 m
- 4 ungebohrte Rohholzkugeln, ø 2,5 cm
- 4 Rohholzhalbkugeln, ø 4 cm
- 4 gebohrte Rohholzkugeln, ø 3 cm
- 2 Rundholzstäbe, ø 8 mm, 27 cm lang
- Rundholzstab, ø 5 mm, 66 cm lang
- Acrylfarbe in Weiß, Hellblau, Blau, Grau, Rosa und Pink
- Beize in Nussbaum
- Baumwollkordel in Schwarz, ø 2 mm, 2,04 m lang
- 2 teilbare Styroporkugeln, ø 15 cm
- Textilfilz in Blau und Pink, je 45 cm x 25 cm
- Textilfilzrest in Orange
- 10 Schrauben, 5 mm x 30 mm
- Bohrer, ø 3 mm, 4 mm, 5 mm und 6 mm
- 10er Lichterkette in Blau und Rot, ø 4 cm
- Soundmodul zum Besprechen mit Bewegungsmelder

VORLAGENBOGEN 2B

1 Dosen öffnen, die Deckel werden nicht weiterverwendet. Alle Dosenböden mittig durchbohren (ø 6 mm). Zwei Sperrholzscheiben (ø 15 cm) aussägen und mittig durchbohren (ø 6 mm). Mit den Bohrungen übereinstimmend unter die Dosenböden leimen. In die obere Hälfte der Dosen zehn Herzen malen, diese mittig durchbohren (ø 4 mm).

2 An zwei gegenüberliegenden Seiten ca. 2 cm vom Dosenboden entfernt zwei Bohrungen (ø 3 mm) für die Arme anbringen. Von diesen zwei Punkten nach vorne die Mitte anzeichnen. 2,3 cm rechts und links von der Mitte ausgehend zwei Bohrungen (ø 3 mm) 1 cm vom offenen Rand der Dose entfernt für die Beine anbringen. Die vier Rohholzhalbkugeln mittig durchbohren (ø 3 mm).

3 Die Dosen gemäß Vorlage und Abbildung bemalen, anschließend lackieren. Für den Bewegungsmelder in die Dose des blauen Schneemannes an der weiß-blauen Farblinie senkrecht unter der Armbohrung eine Bohrung (ø 6 mm) anbringen. Den Rundholzstab (ø 8 mm) in zwei Teile von 13,5 cm teilen und in den Dosenboden und die Sperrholzscheibe kleben. Die bemalten kleinen Dosen auf den Hals ziehen und als Rollkragen festkleben.

4 Die Gesichter auf die Styroporkugeln aufmalen, Wangen röten. Nasen und Mützen (45 cm x 25 cm) zuschneiden. Am breiten Ende der Mütze 2,5 cm breite Zacken 2 cm tief einschneiden. Kopf zusammenkleben, Nase zu einer Tüte kleben und anbringen. Am unteren Rand des Kopfes eine Vertiefung (ø 8 mm) mit dem Cutter schneiden und den Kopf auf den Hals kleben.

WEITERFÜHRUNG

Eisige Gesellen auf der Bank

Die Mütze ca. 4 cm umschlagen, am seitlichen Rand zusammenkleben und ca. 4 cm vom oberen Ende entfernt mit je 40 cm Baumwollkordel zusammenknoten. Die restliche Schnur in 6 x 15 cm und 2 x 17 cm teilen.

5 Ski und Teile der Skistöcke aus Sperrholz sägen. Die Kreise für die Skistöcke mittig durchbohren (ø 5 mm). Für die Skistöcke den Rundholzstab (ø 5 mm) in vier Teile von je 16,5 cm sägen und jeweils an einem Ende anspitzen. Die ungebohrten Rohholzkugeln (ø 2,5 cm) mit einem Bohrer (ø 5 mm, 0,5 cm tief) bohren. Alle Teile bemalen und lackieren. Anschließend die Skistöcke zusammenleimen. Auf die Ski die Halbkugeln für die Füße kleben und nach dem Trocknen von oben nochmals vollständig durchbohren (ø 3 mm). Je 15 cm Baumwollkordel an einem Ende verknoten. Von der Innenseite der Dose nach außen durch die Füße und Ski ziehen. Anschließend die Enden verknoten. 2 x 17 cm Baumwollkordel werden für die Arme mit den Skistöcken benötigt. Die Baumwollkordel um die Skistöcke knoten und am Ende die Perlen als Hände anknoten. Die Arme auf der gegenüberliegenden Seite sind 15 cm lang. Die Lichterketten von der Innenseite mit Klebepads einsetzen.

6 Für die Bank das Bastlerholz in 50 cm und 2 x 23,5 cm teilen. Die Bank zusammenleimen. Nach dem Trocknen die Beine ca. 6 cm von den Enden der Sitzfläche entfernt mit je zwei Schrauben befestigen. Für die Lehne ein 50 cm, zwei 31 cm und ein 38 cm langes Stück zusägen. Zunächst die zwei 31 cm langen Stücke in Höhe der Beine so anschrauben, dass sie von der Sitzfläche aus gesehen ca. 21 cm hoch sind. Anschließend die Querlatte (50 cm lang) etwas schräg gemäß Abbildung anschrauben. Zur Stabilisierung der Füße eine Querlatte, ca. 9 cm von der Unterkante entfernt, anschrauben. Die Bank beizen, trocknen lassen und dann lackieren. Das Soundmodul besprechen und in der Dose des blauen Schneemannes mit Klebeband befestigen, den Bewegungsmelder in die Bohrung stecken und mit Klebeband fixieren. Nun die Dosenschneemänner auf die Bank setzen.

DIESES BUCH ENTHÄLT 4 VORLAGENBOGEN

IMPRESSUM

FOTOS: frechverlag GmbH, 70499 Stuttgart; Fotostudio Ullrich & Co., Renningen
DRUCK: frechdruck GmbH, 70499 Stuttgart

Auflage:	5.	4.	3.	2.	1.	
Jahr:	2009	2008	2007	2006	2005	[Letzte Zahlen maßgebend]

ISBN 3-7724-3421-5
Best.-Nr. 3421